*Ringrazio di cuore
tutte le persone incontrate
che sono riuscite in qualche modo
ad arricchirmi,
nel bene e nel male.*

Poesie Giovanili

Testo unico che raccoglie due, simpaticamente, raccolte di poesie.

Una storia d'amore

PREMESSA

L'operetta che segue si compone di una serie di poesie scritte in versi liberi e una serie di piccole riflessioni scritte in prosa.

Tutto quello che è scritto riguarda una serie di parole scritte e condivise tramite mail con una persona importante durante quello che è stato il famoso periodo di lock-down, periodo in cui non era possibile in alcun modo incontrarsi. Lo scrivere e condividere sono stati quindi una soluzione al problema della distanza, i quali ci hanno permesso di restare in contatto.

I contenuti sono riportati in ordine cronologico rispetto al momento in cui sono stati scritti.

Il bello del presentarsi di problematiche nuove è che esse portano con sé nuove soluzioni.

Quanto scritto è una nuova soluzione, un nuovo adattamento che per sua necessità di completezza ho pensato andasse condiviso.

Ho deciso di riportare tutto quanto segue e di condividerlo con chiunque abbia voglia di leggerlo.

Benevento, 18 Maggio 2021

LEGGEREzze

Oggi sono molto distratto, la mia mente spazia libera tra pensieri e ogni cosa è dove voglio che sia, senza costrizioni...
Voglio scriverti questa fantasia, questo pensiero, questa poesia...
Potrebbe essere allo stesso tempo ognuno dei tre o nessuno, non sapendo io dare un giudizio categorico, nemmeno ne ho necessità...
So bene che sarebbe stato meglio il celare, ma tuttavia la mia fantasia si muove abbastanza velocemente da rinnovarsi di continuo...
Indipendentemente che io lo volessi o no...
E quindi che senso ha mantenere degli accordi informali, siamo piccoli, ma non quanto basta, per ignorare che la vita ha tempi tutti suoi e i piani non sono nient'altro che una nostra scelta adattiva...
Ciò detto...
Ti prenderei per mano...
Vestita di rosso con una gonna lunga ed enorme, merletti e pois bianchi...

E una cuffia che non può mancare...

E scapperei con te in un bosco, assolutamente in primavera...

Quando l'erba è verde, la luce gialla e il sole non scotta troppo...

Accarezzando le cose con dolcezza...

All'improvviso poi ti prenderei e adagerei a terra...

Infilandoti lievemente le mani sotto la gonna...

Ma senza toccarti...

Almeno non fino a quando sarai abbastanza rossa in viso...

A quel punto...

Ci toccherebbe trovare una definizione adatta di "abbastanza rosso" che soddisfi entrambi...

Ma temo sarà troppo tardi.

DISSOLUZIONE INDACA/CELESTIN

Che stupido mi sento...
Già da ieri sera avevo voglia di dirti queste cose...
E alla fine...
Tra le "tutte" dette, quella che veramente ti racconterò e che volli, senza farlo, raccontarti, sarà quella che sto per scriverti...
Che simpatico tutto quello che mi sta succedendo...
Sento correre veloce un desiderio di comunicare...
E la mia attuale maturità, che non è mai abbastanza...
Mi rimprovera di aspettare...
E io i consigli li seguo sempre un po'...
E quindi rischio di sembrare ossessivo, ma poco importa...
So che non è così...
Lo sguardo con cui mi guardi quando condivido con te i miei pensieri più profondi...
non ha prezzo...
mi basta immaginarlo mentre immagino che tu stai leggendo quanto scrivo...

Ciò esternato...

Ho visto delle linee che mi raffiguravano estasiato,

di colore celeste...

In un cielo indaco...

E tu, fatta di linee dello stesso colore...

Come una folata di vento...

In un cartone animato...

Travolgevi le mie linee, curvando verso l'alto...

Ed alla fine entrambi ci scioglievamo e fondevamo

nel cielo,

schiarendoci,

scomparendo,

assumendo nuova forma...

...

SIMPATICA PROVOCAZIONE

Ti confesserò (a breve, scorrendo verso il basso la pagina; magari lentamente; non vedo l'ora che accada; magari),
una cosa...
Visto che l'altro ieri hai valutato l'ipotesi di non vederci; per scherzo...
Altrettanto per scherzo ti dico...
Che effettivamente sarebbe una buca memorabile...
E fa ridere che qualche volta pensi delle cose del genere anch'io...
Ma alla fine...
Pensandoci...
La nostra malizia, consapevole...
Altro non è che un carburante per riuscire a leggere oltre righe...
Bravo è chi riesce ad usarla per evitare il male...
O meglio, per velare le cose...
Penso sia lei che ci concede reciproca, ma supposta, comprensione...
Ciò detto...

Ho deciso di darti tutti gli strumenti di cui necessiti per mandarmi a quel paese...
Se fossimo su una chat WhatsApp correderei la frase precedente con una faccina a diavoletto o che ride...
Se vuoi che io scompaia...
Limitami...
Banalizzami...
Non serve che tu me lo dica...
Senza sensi di colpa...
E io,
nel giro di poco,
sparirei...
senza rimorsi.
Ma/Tuttavia/Però se proprio mi ami...
Sparami in testa...
(faccina che ride)
I miei pensieri vanno troppo veloce...
Sono nato sfortunato,
io...
L'acchiappa-pensieri.
E mi viene da ridere...
Qualche volta da piangere...

Ma più spesso simulo il ritmo di una batteria sbattendo la penna sul tavolo, facendo rimbalzare la parte del tappo...

FANCIULLESCHE RISATE

Stamattina non volevo scriverti così presto...
Volevo convivere con l'ipotesi...
Non so quanto probabilisticamente reale...
Che tu avessi aperto la mail e cercando qualcosa non avresti trovato niente...
Tuttavia mi sono alzato di getto
e il mio piano adattivo di vita relativo alla giornata di oggi ha dovuto fare i conti con lui...
L'indomabile...
Il desiderio...
Ciò premesso...
Sappi che ho sognato, riempiendo un bicchiere di vino rosso,
Energicamente...
Che una goccia mi schizzasse sull'occhio sinistro...
Ed io...
Pronto...
Le ho fatto l'occhiolino e lei si è posata sulla palpebra...
Forse un giorno capirai...

Ho sognato ancora di essere svegliato dalla paura di essere morso da un insetto...

Grosso, brutto e colorato...

Lui si è poggiato sul mio braccio mentre correvo...

Ma non mi ha punto ed è andato via...

Ho incontrato poi una signora sulla quarantina...

Bionda...

Eccessivamente truccata...

Leggermente consumata...

Mi chiese di accompagnarla in un negozio a fare compere...

E io subito le ho detto di sì guidandola...

Non appena si è voltata sono scappato ridendo...

In una strada che non conoscevo ancora...

Come un ragazzino, un bambino...

E chissà se questi nostri sogni,

Altro non sono che parte di un unico universo...

Che siamo noi...

E lo spazio fisico non ha potere di limitarci...

Una volta mio padre mi fece vedere un film su un ragazzo che voleva scrivere...

Forse l'ha sempre saputo quello che volessi io dalla vita...
Forse fu un caso...
Ma come ti dissi...
Le risposte non le voglio...
Sono come recinti, guinzagli...
Che limitano le domande...
Ed io,
che non ho condiviso un solo giorno con la vita senza domande...
Come farei se mi venissero date tutte le risposte?
E mi viene da ridere...
Qualche volta da piangere...
Ma più spesso incrocio le gambe, poggio le mani sulle ginocchia e canticchio una canzone che mi piace... qualsiasi...

CRAVATTE E MATEMATICA

Premetto che mi sono svegliato ridendo anche oggi...
Conoscendo il detto comune che collega il riso all'essere sciocchi...
Lo ammetto con me stesso...
Sono impazzito...
Inoltre devo metterti al corrente che non ho paura di perderti,
ma non perché di te non m'importi...
ANZI...
In fondo chi dichiara di non poter vivere senza qualcuno, a mio dire, sta cercando di esprimere forzatamente dei sentimenti che non conosce abbastanza...
Non ho paura di perderti...
Perché ho già perso nella vita...
Mi sono arreso alle cose...
Insomma, aritmeticamente ho già perso...
Ed ora vivo liberamente quello che sento, senza costrizioni...

Senza necessità d'iperbole...

Ciò detto...

Vorrei da te un regalo...

Che non siano ricchezze...

Non posso, a ogni modo, possedere nulla per un tempo più lungo di una manciata di secondi, contenibile in un barattolo...

Tuttavia...

Una cravatta...

Però, se proprio vuoi, attenta che non sia:

-alla moda

-elegante

-comune

-altro (specificare)

-...

ASTRAZIONI

Mi sono svegliato con una melodia in testa che non conoscevo...
Peccato non sappia suonare...
Ciò detto...
La distanza, che ci causa dolore...
Il desiderio, che ci fa bramare il contatto...
Le incomprensioni, che sono il legno del focolare della passione...
L'impenetrabilità delle nostre mimiche facciali...
La parola che vorresti dirmi, che non conosco...
Sono le mie astrazioni...
Ma tutto quello che vorrei...
Brillare con te...
In una notte piena di stelle...
Per non attirare attenzione...
E confondermi nelle meraviglie delle astrazioni...
Per poi alla fine battere le altre stelle...
Nel loro gioco.

SURREALISMI

Si rompe il presente...
Con passato e futuro si organizza una splendida coreografia...
L'arbitro fischia...
Il colpo di pistola parte verso l'alto...
Suona la campanella...
Poggio il tempo sul comodino...
L'importante è divertirsi...
Se non stai giocando la tua partita...
La grotta era buia...
L'ingresso cupo...
La fuga è stata faticosa...
L'entrata irrinunciabile...
Gli animali nella grotta non volevano solo giocare...
...
La fuga è stata faticosa...
Ma alla fine ho smesso di correre...
Camminare è più divertente...
Sono arrivato all'uscita più lentamente...
Con i miei tanti compagni...

È arrivato il giorno...

Era l'alba...

Pipistrelli del colore dei peschi volavano su un prato...

Colorato di primavera...

Crolla il "qui ed ora" ...

Si rompono le catene...

E la mente non ha più padroni...

Stare svegli diventa il gioco più bello...

Il tempo si alza dal comodino e se ne va...

Sapendosi orologio...

E tu?

Che fai non vieni!?

LA LAVATRICE DEI FOGLI

Stamattina ho messo una giacca grigia e sono sceso senza mascherina, spensieratissimo, mi sono alzato ascoltando Bowie, *"Hang onto yourself"*...
Le persone...
Preoccupate,
vedendomi spensierato,
mi guardavano,
chissà pensando cosa...
Ed il tutto mi divertì un sacco.
Ciò detto...
Vedendo David Bowie vestito da donna in un video, ho pensato che anche io vorrei vestirmi da donna un giorno...
E non concedermi a nessuno...
Per ricordare a me stesso che sono bello...
Bello ed impossibilitato...
Per ora...
In quanto,
Con addosso la stessa giacca con cui sono uscito stamattina...

E una mano che mantiene il cappello...
Sto saltando nella mia stanza...
In cui c'è un urgano di fogli che volano...
E io,
inutilmente...
Salto cercando di prenderne alcuni e scegliere cosa effettivamente scrivere...
Sono tutto sudato...
E mi viene da ridere...

TI DIRO'....

Oggi è domenica...

Ed anche se la quiete accompagna ormai tutti i giorni...

Oggi avverto sulla pelle che sia domenica...

Volevo conoscere le cose del mondo...

E alla fine, mi sono perso...

Ti dirò...

Che la verità è che tutti i passi che ho fatto nella vita,

sono stati all'indietro...

Non ho premuto sui pedali per andare più veloce...

Non ho rincorso nessuna chimera...

Ho tolto pesi e provviste dal mio zaino...

Fino a lasciare sulla strada anch'egli...

Un po' alla volta...

Ho allacciato forte le scarpe...

Cosa che da piccolo non facevo mai...

Nella fretta di correre fuori...

Tirato il freno,

Ho fatto retromarcia...

Purtroppo consapevole,

che solo da solo potevo...

E che nessuno che guardava nella mia direzione avrebbe mai capito...

Quello che veramente io stessi facendo...

Nonostante qualcuno ci abbia provato...

E mi è toccato di andare "indietro" da solo...

Ho visto Soli e Lune...

Dormito a volte troppo,

altre troppo poco...

Osservato lentamente e con calma passeggiarmi persone a fianco...

Indaffarate...

E se ti scrissi, qualche manciata di secondi fa, che ho già perso...

È perché mi sono arreso...

Non ho più fretta...

Non ho più paura...

Sono entrato nella mia mente, ed ho aperto tante porte...

Fino a riuscire a rimuovere molti veli...

Che mi impedivano un contatto sincero...

Con me.

Ho lasciato che l'euforia mi portasse fuori dai "miei" binari...

Che il dolore prendesse il sopravvento...

Che la solitudine mi presentasse tutti i miei brutti pensieri...

Che la mediocrità azzerasse tutti i miei stimoli...

...

Per tornare a guardare il mondo con gli stessi occhi di quando ero bambino...

E vedere le cose *"per come realmente sono, infinite"* (W.Blake)

E a mio dire...

Appurata la caducità del mio corpo...

Infinite significa che non mi appartengono...

E ho dovuto pagare il mio prezzo...

Non poter più scendere a compromessi...

Dover seguire il mio essere...

Anche se a volte si resta soli...

Anche se a volte si può non piacere...

Anche se a volte purtroppo non si viene capiti, di conseguenza giudicati...

...

Con le scarpe ben allacciate, però,

non è mai stato difficile alzare i tacchi...

Pertanto...

Qualche volta mi viene da ridere...

Qualche volta da piangere...

Qualche volta entrambe le cose

contemporaneamente...

Ma non è una mia scelta...

E in questo momento, scriverti e non poterti vedere...

Toccare...

Fa un po' male...

Ed anche questa...

Non è una mia ...

SPIAGGIA SELVAGGIA LAVAGGIO SELVAGGIO

Non posso continuare a scriverti senza metterti al corrente di quanto sto per scrivere...

Ho scelto una spiaggia...

Assolutamente selvaggia...

Dove sostare quando il sole sale...

E il mare allevia ogni male...

Io nudo, altro non vorrei che infrangermi nelle onde...

E nuotando, il sudore, con il mare, si fonde...

E avere te, paziente, che mi aspetti, incandescente...

Nuda, insabbiata, bollente...

Fino a prenderti, bagnato di mare...

E fondermi con te, cocente di terra...

E infrangermi...

Per infrangerti...

IL TUNNEL DEI CUSCINI

A dire il vero...
Questa mattina non mi sento per nulla ispirato...
Pertanto non ti scriverò...
Tuttavia cercherò di creare un cortissimo-metraggio nella tua mente...
E se vuoi definisci come ti pare questa mia:
"Scrittura fantasiosa funzionale a giocare con i labirinti della mente (Punto e basta)"...
L'inizio della storia vede inquadrato un nuotatore, dal fisico asciutto...
Come il mio...
Con la cuffia, che copre i capelli e gli occhialini...
(Ovviamente ha i capelli uguali ai miei in questo periodo, ma non si vede)
Più o meno è alto quanto me...
Ha le labbra simili alle mie...
E chissà cos'altro ha simile a me...
Chissà che non sia proprio io...
Ma non ha importanza...

È notte fonda (come orario) e il cielo è azzurro (come cromia)...

Il nuotatore si avvicina al trampolino...

Tira un lungo respiro e si tuffa nel buio...

Fino a cadere in un tunnel di cuscini morbidissimi...

Attraverso i quali non passa un filo di luce...

E lui nuota, nuota, nuota...

Spostando cuscino dopo cuscino...

Fino a trovare nel buio...un materasso...

Con sopra una ragazza bellissima...

Con i capelli rosso carota...

Come i tuoi...

E le labbra simili alle tue...

E gli occhi che parlano...

Come i tuoi...

Anche se gli occhi non si vedono, perché anche lei per stare nel mare di cuscini aveva indosso gli occhialini...

E chissà cos'altro aveva simile a te...

Chissà che non eri proprio tu...

Ad ogni modo...

La storia non finisce, nella maniera più assoluta,

con una lotta di cuscini...

SLITTANDO

Ti immagini si potesse con uno slittino...
Slittare avanti nel tempo...
Io comunque non lo farei...
Questo dolore...
Mi sta dando tanti piccoli ed immensi "squarci" di gioia...
Che con passione sto vivendo...
...
E se nella notte ci trovassimo...
In un prato...
Circondati solo da alberi...
Illuminati solo dalla notte...
Dalle sue luci fredde...
Lascerei fossero i miei piedi a "slittare" verso di te...
Con una mano ti prenderei i fianchi...
Con l'altra ti accarezzerei il viso...
E girerei su me stesso con te...
Finché non ci sembrasse fossimo noi ad essere immobili...

E percepissimo fosse tutto il resto a girare...
E chissà...
Che queste fantasie...
Infinite non lo siano già...

LA DANZA DELLE OMBRE

Uno spruzzo di Sole mi saluta dalla finestra...
Ormai la notte ha ceduto il cambio...
E io...
Spero...
Tu non ti racconti mai tutta...
Oh no...
Lascia qualcosa intendere...
Un punto sconosciuto...
Un velo a coprire...
Sii per me un'ombra...
Lieve...
Viola scuro...
Che con alle spalle un cielo arancione...
Possa attraversarmi...
E girare attorno a me...
Anch'io ombra...
Dello stesso colore...
Supposto che il colore dell'ombra dipenda solamente
da quello del Sole...
...

Che la danza sia leggera...

E che la musica sia il vento...

Che sfrega il fogliame...

E che tutto sia nebbia...

...

E che nulla sia come me lo sono immaginato...

Che non lo sia mai...

SGUARDI STRUCCANTI

Stamattina, fino ad ora...
Ho preso un solo caffè...
Dormito il giusto...
E non sono stanco abbastanza da
immaginarmi corridore...
In polveri di trucchi di donna...
All'aria aperta...
Che mi circondano e colorano...
Il Sole vorrei fosse forte...
E vorrei che sudare fosse il mio valore aggiunto...
E correndo vorrei truccarmi...
Di bianco e di rosso...
Come un pagliaccio...
Senza la parrucca...
Senza il naso rosso...
Senza il costume...
Solo con il trucco...
Ed alla fine della corsa...
Venire da te...
E lasciarmi struccare...

Dalle tue carezze...

Anziché dagli sguardi...

E poi truccarti...

E lasciarti correre...

E poi daccapo...

Al contrario...

Insieme...

Da soli...

Nelle braccia di istanti liberi...

...

E poi,

ancora una volta...

Una volta ancora...

...

Ed alla fine,

tramontare di un delirio.

Alba di un nuovo giorno...

IL CARILLON SEGRETO

Un bambino possedeva un carillon molto prezioso...
Che gli era stato regalato...
Lui non lo faceva vedere a nessuno...
Per paura che qualcuno poco accorto lo rompesse...
La melodia che suonava era bellissima...
E continuava a stare con le persone senza mostrare il carillon...
E stava bene...
Tuttavia qualche volta sceglieva di far vedere il carillon a qualcuno...
O almeno di far ascoltare qualche nota di quel carillon...
...
Il carillon si accorge della forza che la mano imprime su di lui...
E si sa che i carillon non necessitano di essere manipolati con forza per suonare...
Altrimenti, purtroppo, si rompono...
...

Ogni qualvolta il bambino si accorgeva che la mano premeva troppo sul carillon...

Era costretto a scappare via con il carillon...

Ed a non poter più convivere con quella persona come se il carillon non l'avesse mai visto...

PUPAZZO DI NEVE

Nella neve d'Aprile...

Vorrei fare con te un pupazzo di neve...

Io ho solo una carota, una sciarpa e un cappello...

Non serve molto...

Se non un po' di dedizione...

E un po' di pazienza...

Una volta fatto...

Di aspettare si sciolga...

E si trasformi in qualcosa di liquido...

Che da solo adatti all'esterno la sua forma...

Che da solo si fonda con l'esterno...

Che da solo possiamo bere...

E trasformare in nostra sostanza...

In una nuova addizione di molecole...

In un nuovo noi stessi...

THE BLACK HEARTS

Comunque...
A ogni modo...
Devo dirti una cosa anche oggi...
E non solo domani (cioè dopodomani di ieri) ...
Sono felice perché stamattina mi sono svegliato e mi è ritornato in mente il terzo pensiero...
Quello che come ti dissi ieri non ho fatto in tempo a scrivere...
Che in realtà ho pensato per secondo...
Vabbè...
Ciò detto...
Ho deciso di scriverti in inglese...
Visto che ricordo mi dicesti che ti piace...
(STICKER)
Per ringraziarti di non avermi mandato ieri una tua foto appena sveglia...
...
If you want...
For a set of moments...
We will have...

A BLACK walk togheter...

With BLACK sunglassess...

With BLACK jackets...

With BLACK pants...

And I will have a BLACK belt...

Maybe also a BLACK hat...

For this we will be the BLACK HEARTS...

And only in a tornado of madness...

We can melt our souls...

And scream loud...

In a fiery red sky...

With yellow shades...

And purple shadows...

...

LASCIA CHE FIORISCA

Lascia che fiorisca...
Quello che sta nascendo...
Lascia che viva...
Non aver paura che, quello che io ti dico, sia un artificio messo in atto al solo scopo di corteggiarti...
Ogni scintilla è nuova e a sé stante...
E quello che sta fiorendo tra noi mi rende felice...
E davvero con te mi sento completo...
Pertanto mi piacerebbe tu avessi fiducia...
La stessa fiducia che ho io accompagnata da quel pizzico di gelosia...
O.Wilde scrisse *"L'amore vede fin dove è la stella più lontana"*
Mai sentita frase più vera...
Pertanto abbi fede in me, io ne ho in te...
E lasciamo che fiorisca...
Sperando nasca il fiore più bello...

LA FUGA DELLA LOGICA

Scapperesti con me?
Quanti limiti butteresti alle spalle?
Quanti rischi correresti?
E se in realtà quello che più ci fa paura...
è quello che in realtà ci manca?
Toglieresti di dosso tutti gli abiti?
Racconteresti in giro che in realtà mi odi?
O peggio che ti sono indifferente?
Correndo il rischio di perdermi?
Rischieresti di perdermi?
Preferiresti ti tradisca purché tu non perda il desiderio?
O vuoi la mia follia?
Rompere tutti gli schemi?
Fonderti con l'aria...
Avresti il coraggio di dirmi la tua paura più grande?
Il tuo desiderio più profondo?
La tua perversione più nascosta?
Il tuo limite, quello in particolare che appare...
INSORMONTABILE?

oh

MA SOPRATUTTO...

Riuscire a fare tutto, o più...

Talmente lentamente da riuscire a confondere ogni domanda con l'altra...

Da dire che non riesci, per paura, a toglierti un limite...

in cambio di un vestito...

durante una corsa...

per la follia di saltare oltre lo steccato...

di cavalcare il recinto della mente...

giocare con lui...

e alla fine...

...

Nient'altro che baciarmi...

E pizzicarmi...

E leccarmi...

E scoprire ogni meglio e peggio...

...

Ma alla fine la verità...

è che il punto più bello di questa poesia è rileggere a caso i righi dal:

20 al 27

...

Ancora una volta...

Aggiungendo

salti... spinte... schiaffi... carezze... gelosie...

incomprensioni e comprensioni...

Ed altre "x" parole che vuoi tu....

LA GOMMA MIRABOLANTE

Lei è bianca...
Ma cambia colore a seconda della superficie...
Non volevo parlartene...
Cancella quello che c'è di brutto...
Per fare spazio a nuovo divenuto...
Ebbene sì, hai letto bene...
Un passato...
Non voglio raccontarti nient'altro...
Per me è tutto cancellato...
Stanotte mi è stata data la gomma...
Da un Angelo dal volto serio...
E poi?
E poi niente...
Aiutami a ricordare tu...
Non ho ancora la matita mirabolante...
Né la penna...
E i sogni che non mi racconti...
Belli e brutti, se mi fai arrabbiare....
Li cancello tutti...

THE BLACK HEARTS 2

I'm searching,

in your eyes...

I'm searching in the lines,

...Searching...

What does it meaning the word "searching"...

Ops...

Almost I'm forgetting...

In the lines of your face... my poetry...

Searching...

I will say...

How Oscar Wilde... I know that nothing can be find...

And all exists...

In the deepest hidden side of our heart...

For this...

I can't search... I can't desire...

hahahahha...

I only can live...

And fire the sky...

With purple lights...

Like a poet...

Like an artist...

I can go far with the mind...

Within or without money...

Within or without stickers...

...

I laugh while I'm dissolving...

With you...

In a big full box of illogicals things...

But...

It's a shame...

There is no space for reasons or explications...

I'm sorry...

...

I leave you one moment to imaginate...

And find a reason, if you want...

Or translate, if you need...

And the rest...

I will tell you tomorrow...

hahaha

...

MENTE LIQUIDA RITMO RULLANTE

sì, come?

Che hai detto?

La musica rimbalza nella testa...

Che è liquida...

E ogni colpo di rullante è una goccia...

Che fa vibrare la sostanza...

E anche il mare in tempesta...

Non guasta...

Quando il sole scalda le acque...

E la spuma non diventa altro che l'idromassaggio...

Per i neuroni attivi...

Che ballano in cerchio...

Il ritmo della mente liquida...

IL BATTERISTA MOLLE

Il rullante è di sapone...
Caccia bollicine...
La cassa è di sapone...
E non ha sapore...
I piatti sono di sapone...
E sbrodolano un sacco...
E tum cha...
Tum cha cha...
Ritmi pazzeschi...
Salti animaleschi...
Il vibrare della follia...
è come un fare le bollicine con la testa sotto l'acqua...
Non ha rivali...
...

SOFFIO SPEZZATO

Sono un soffio spezzato...

Una carezza negata...

Una distanza non colmata...

Un sentimento incompleto...

Un orgasmo mai raggiunto...

Una nuvola che mai ha lasciato passare il sole...

Un filo d'erba che non si muove col vento...

Un ramo che non finisce in fogliame...

...

Oppure...

Un soffio rosa...

Che lentamente cerca di accarezzarti...

Ed asciugare la lacrima che lui stesso ha fatto scendere...

FEMMINA ROSSO ARCOBALENO

Immagina di stare sul semicerchio estremo dell'arcobaleno,
quello rosso...
Ed io che volo più veloce su quello estremo, l'altro,
quello viola...
A patto che tu non voglia spostarti...
Che io non voglia spostarmi...
Quanto tempo riusciremo a cavalcar distanti?
Non ti ho mai detto che so cambiare colore?
Sbucherei dall'altro lato...
Rosso anch'io più di te...
E ti spingerei sull'arancione...
Solo per averne soddisfazione...
Ma almeno...
Cammineremo vicini...
Caldi...
Sulle montagne russe colorate del cielo....
E forse, con brama...
Ti terrei per i capelli...
Anche se lo odi...

IL CANTO DEL CIGNO FRAGILE

Un lago verdastro...
giace...
Sotto un cielo porpora...
E gli alberi sono fatti di ombre terrose...
E tu sei un cigno bianco al centro del lago...
Ed io canto...
Note stonate...
Assoli soli...
Non c'è sole...
Non c'è luna...
(risata grassa)
Mi trasformo in cigno anch'io...
Manifestata tutta la mia fragilità...
Divento anch'io cigno fragile...
Vestito di bianco...
Nuovo personaggio, nuova personalità...
Nuovo scenario...
Volteggiare nell'aria...
Insieme...
In uno spazio che non esiste...

Con dei fulmini fucsia che saltellano uno smile...

Ma di amore, mi chiedo quanto ne sai?

Io neanche un po'...

Ritorno vergine...

E ululo come un lupo...

Anche se cigno...

Anche se non c'è la luna...

Lo so...

In fondo lo so...

Che siamo un tutt'uno con lo scenario...

E mi sciolgo nel lago verdastro...

Diventando coccodrillo piangente...

Poi ancora...

Volo disperato....

Pipistrello infatuato...

Che sente gli ultrasuoni...

Poi ancora mi fondo con gli alberi...

Divento...

...

LA CAVERNA DEGLI OSTACOLI

È assai buia...

C'è spazio solo per due...

Ci sono tante staccionate da saltare...

A volte fa troppo freddo...

Altre fa troppo caldo...

Altre semplicemente è troppo buio...

Tuttavia non entrarci sarebbe un peccato...

Ci sono dei minerali colorati bellissimi...

E un lago dove fare il bagno...

E chi lo sa...

Forse anche un letto dove potersi accarezzare...

A NUMERI È IMPOSSIBILE

Chiedimi quante volte provo a capire quello che pensi
Chiedimi...
...Quante volte ti guardo e vorrei averti
...Quante ti guardo e vorrei stoppare il tempo
...Quante ti guardo e vorrei a parole mi dicessi l'impossibile
Ma alla fine
Il bello è che esprimersi a numeri...
Sarebbe impossibile.

NOTTI AZZURRE

Il balcone è aperto...
Ma luce è nella stanza...
E fuori, pertanto, non si vede niente se non scuro...
Allora io...
Furbo...
Spengo la luce...
Spengo il mio io...
E dimentico la voglia di fumare...
La brama di successo e di controllo,
sulla scrivania...
Esco fuori e vedo le notti azzurre...
E tu magari, facendo la stessa cosa,
potresti raccontarmi di un cielo diverso...
Ed alla fine, sarà...
Come se insieme avessimo visto due notti...
Diverse...
La mia notte è caratterizzata,
Come ti ho già detto (tono serio)
dall'azzurro...
Le mie notti azzurre...

PAROLE

Un sacco di parole...
Una caterva di parole...
Un mucchio di parole...
Un'accozzaglia di parole...
Una cascata di parole...
Un prato di parole...
Un muro di parole...
Un cielo di parole...
Un gruppetto simpatico di parole...
Una comitiva di parole...
Un insieme ordinato di parole...
Una fila di parole...
Un cerchio parole...
Una scala cromatica di parole...
Una classifica di parole...
Una pista di parole...
Un giorno di parole...
Un flusso di parole...
Una galassia di parole...
Eccetera eccetera...

...

Con un'alta probabilità prive di un filo logico,

o meglio con un filo logico senza né capo né coda...

Una cascata di fili logici...

Una tela di fili logici...

Un gomitolo di fili logici...

Tutto il resto è noia...

TI DEVO DIRE UNA COSA, DOMANI...

E il cielo divenne mare...

Un'altra volta.

E le stelle divennero onde…

Un'altra volta.

MATTINO GRIGIO

Ogni giorno si è uomini nuovi
Miscele di grigi con tutti i colori

IL GUFO ROSSO

Nella foresta dei fogli sparsi...
Delle frasi a metà...
Delle concrete incomprensioni...
Veglia il gufo rosso...
La foresta è tutta arancione...
Piena di alberi dalle molte foglie, che cadono lentamente e di continuo...
La luce è gialla...
E chissà perché io passeggio da solo...
Chissà, farebbe strano incontrarsi proprio lì...
E lì ti immagino, lì ti vedo...
Pronta con un bacio a colorarti anche tu...
E io che non smetto di scrivere...
Arancione lo sono già...
Un piccolo cerchio di parole ci chiude al centro degli alberi...
E mai come ora mi manchi...
Mai come allora ti volli...
E l'ultima è una bugia...
E sono geloso di te...

Ti voglio tutta per me nella foresta arancione...

Sorvegliata dal gufo rosso...

Spettatore silenzioso...

E ti chiedo, il rumore delle foglie può fare melodia?

VORREI TANTO

Vorrei tanto... (che si ripete)
... concludere con l'ultima che ti ho scritto, che mi appare la più bella
... averti qui in questo momento
... mettere una virgola, girarmi e trovarti
... ma in fondo già ci sei
... dimenticarmi la sinistra, quindi l'inizio di questo scritto
... dimenticarlo... dimenticato... già nuovo
So già...
... che ci sei
... che ne vale la pena rischiare
... che anche domani dovrò dirti qualcosa
Uno spartito di parole

TEMPO LIEVE E PIOVOSO

Siamo corpi dallo spazio limitato...

Abbiamo i sensi che ci permettono di superare il limite materiale del nostro corpo....

E di percepire lo spazio...

Ma è forse il tempo che rende sostanza le nostre percezioni isolate...

Trasformandole da punti in macchie multiformi...

I nostri sentimenti che si mischiano non sono altro che i colori del nostro animo...

Perturbato

BUON ANNO

Cara,

Sono stato molto bene questi giorni con te... Ed ora sono investito da una lieve malinconia, vorrei averti qui.

Quest'anno è stato speciale a modo suo e, non mi stanco di ripeterlo, sono contento di averti conosciuta. Il regalo che mi hai fatto è per me speciale, sto lentamente scoprendo quello che c'è di più profondo dentro di me ed allontanando tutto quello che non mi fa stare bene.

Ti faccio i miei auguri anticipati anche se in fondo non esiste una linea che divide il tempo, sono solo istanti che non hanno quantità. E sarà forse Dio che bonariamente ci prende in giro vedendoci nel cercare di misurare la vita con i numeri e le quantità, tutte astratte, ci lascia sempre col dubbio.

La vita vera è quello che non conosciamo, e solo chi ha il coraggio di cercare ne assapora un po'.

Chiudo gli occhi consapevole che da un momento all'altro saremo di nuovo a guardarci.

Buon anno

leggereZZE

È passato solo un attimo, eppure...
Non ti conosco ancora e,
allo stesso tempo,
è come se ti avessi sempre conosciuta.
...
Come sempre distratti
Come sempre pianeti in attrazione gravitazionale
costante
Come sempre vorrei, ma non voglio
sapere tutto di te.
...
Quello che mi basta, a volte,
è quello che ti sembra non mi importi.
Che io sia...
Il tuo peluche
da baciare,
accarezzare
mordicchiare

POETICA PERSONALE

Ti racconterei della mia poetica

ma non lo faccio

perché dovresti saperne quanto me

SOTTO IL SOLE CHE SCOTTA

Ti vedo incantata
e vestita di viola...
Unico vestito, cappello a visiera larga e rotonda,
tutta viola cobalto...
In un prato estivo...
Sotto il Sole che scotta...
Mi sento bollire...
Sotto il Sole che scotta…
Mi innamoro del tuo sudore.
Mi innamoro del tuo odore.
Ti rincorro mentre ci osservo correre insieme da lontano,
In un prato estivo…
Sotto il Sole che scotta…
Corro e non ti raggiungo.
Lo voglio! Maledettamente lo voglio!
Rincorrerti e non raggiungerti mai.

FIUME DI VENTO

Sei per me un fiume di vento
Riesco con te, per questo, a respirare sott'acqua
Allargo le braccia e mi lasciò inondare...
Allargo le braccia senza provare a nuotare
Piombo in basso
Piombo fino in fondo.

Sei per me un fiume di vento
Senza odore, senza sapore
Un fiume di vento che mi ridà vita al corpo

Sei per me un fiume di vento
Sarò per te il letto su cui navigare
...
Indispensabili uno all'altra

TRAMONTO AL PARCO

Sei il mio tramonto al parco...

Luci elettriche che scendono in campo...

Luce solare che diventa aranciata...

E cielo più blu...

Complicità di sguardi,

tu corri avanti e io ti inseguo...

Ti giri di scatto, lasciando volteggiare i capelli...

Vestito color pesca...

E io, come sono fatto, neanche lo ricordo.

IL MOMENTO OPPORTUNO

Mi chiedo quale sia il momento opportuno. Cosa vuol dire momento opportuno. Cos'è un momento opportuno.
A chi vive di sentimento dovrebbe essere sconosciuta tale coppia di parole. Il mio momento opportuno di scriverti è lo stesso istante che eterno ritorna ogni volta all'improvviso, sempre uguale a sé stesso. Eppure sempre diverso da sé stesso.
Non ho mai deciso alcun momento opportuno, è sempre stato lui a scegliere me. Ogni volta che arriva mi toglie delle parole di bocca che non sono io a scegliere. Mi racconta di mondi che non esistono e di spazi che solo io immagino. Mi ricorda di sogni, che non ricordo di aver fatto o meno. In un attimo ci vedo volteggiare sotto una Luna azzurra con della musica di sottofondo che in realtà è nella nostra testa. Pensiamo alla stessa canzone. Ci muoviamo allo stesso tempo. Nonostante io sia impacciato imparo in fretta.

Ancora un altro giro. Ancora un altro giro. Ancora un altro giro e nulla fa più paura. Ancora un altro giro a patto che un altro giro sia opportuno.

Il momento opportuno che arriva è quella piccola occasione che in breve tempo svanisce, magica, che permette di superare i propri limiti.

NESSUN TITOLO; NESSUN SOTTOTITOLO

In questo momento sono sul letto e penso a qualcosa di romantico da scriverti. Il mio desiderio di toccare delle profondità sensibili del tuo animo con le sole parole è grande e costretto a scontrarsi con una totale mancanza di ispirazione. Tuttavia, penso, sia proprio la grandezza del desiderio a rendere poi insoddisfacente l'esperienza della scrittura, costretta inevitabilmente a scontrarsi con delle aspettative troppo alte.

Alla fine ho deciso comunque di scriverti, da un lato fiducioso che qualsiasi cosa io ti scriva, aprendomi, resti apprezzata, dall'altro speranzoso che scrivendo il meglio esca fuori da solo tra una parola e l'altra.

Quello che dopo quasi (quantità di tempo) siamo diventati è indescrivibile per me e forse anche questo mi frena dallo scrivere. Ci proverò lo stesso. Con te ho trovato un nuovo me stesso, un me stesso che non ha bisogno di alcuna maschera, di alcuna dimostrazione, consapevole che va già bene così, che non potrei ... essere meglio di così.

Quando sono nel letto con te nient'altro ha più importanza al di fuori delle nostre esistenze, che anche se rinchiuse in quattro mura, in una piccola stanza, bastano a sé stesse. Riesci a darmi un piacere sconosciuto, che mai avevo provato prima. Sempre nuovo e sempre più intenso, che aumenta tanto quanto più riesco a sentirmi con te libero di essere. Al di là della sua fisicità avverto che null'altro ti interessa più di quello. Dare il massimo per me.

Mi basta guardarti per concludere che non potresti essere meglio di così. Tutto quello che sei non è perfetto, non essendolo nulla. Tutto quello che sei ai miei occhi non potrebbe essere meglio di così. Non potresti essere meglio di così. Queste cose che avevo dentro, indescrivibili a parole, hanno trovato questa forma. Esternartele in questa mail non è nient'altro che una parte vivente e necessaria di loro stesse, tanto piccola e tanto incompleta, senza tutto il restante che vivo ma che non posso condividere a parole, essendo il primo illimitato mentre le seconde limitate.

Non saprei dirti se quello che è uscito fuori da me soddisfi le mie aspettative, tuttavia mi aspetto che anche tu, come me, crolli in un piccolo, straordinariamente profondo ed appagante, senso di frustrazione, causato dall'attuale lontananza dei nostri corpi.

SE FOSSE SEMPRE DOMENICA...

Se fosse sempre domenica...
non sarebbe così bello, se non ci fossi anche tu.
In ogni domenica.

Potrei provare
a comporre r-
ighe tutte ugu
ali tra loro ma
niente sarebb
-e davvero cr
eativo_____

Siamo i figli dell'era in cui esiste tutto
e nulla è bello e piacevole davvero
in un attimo mi immagino proi-
ettato dentro un imbuto e
tra tutti i miei potrei
scelgo anche questa volta di infrangere, come sempre, squisitamente a modo mio, tutte le consuetudini, rompere l'imbuto, non rincorrere un

tempo e un lusso che non esistono, non fermarmi a pensare quale sia il modo o la forma e improvvisare anche questa volta una frase qualsiasi, acconcio di un po' di tempo con te, di uno sfottò che di riflettuto non ha niente, di un po' di musica e qualche attimo pieno...

poi cambio idea

scivolo giù

scappo

salto

e

;

Benevento, 30 Giugno 2021

FINE

Deliri di esistenza

PREMESSA

Deliri di esistenza è una raccolta di poesie e riflessioni, più poesie. La ricerca effettuata si è basata su un'accurata selezione di tutti quelli che sono gli aspetti dell'esistenza che, piacenti o nolenti, si è costretti ad accettare e con cui si è costretti a convivere. La selezione non è il passaggio principale. Le sensazioni di ogni singolo aspetto dell'esistenza sono state scelte ed una tra tante, per ogni aspetto, è diventata il centro di ogni componimento.

L'esistenza di un individuo è pensata da me come la condizione di essere, dell'individuo, disponibile a vivere delle esperienze sensibili.

Ecco tutto!

Il periodo in cui i componimenti sono stati concepiti e scritti è relativo ai miei 20.

L'ordine con cui le poesie sono state scelte non può che non seguire una logica dada, essendo la casualità parte fondamentale dell'esistenza del singolo, ma soprattutto della mia.

Affinché ci sia un po' di dada elenco i passaggi del processo di selezione dell'ordine dei componimenti:
1- Ordine alfabetico dei componimenti
2- Assegnazione di numeri ai componimenti in base all'ordine alfabetico degli stessi nella cartella in cui sono salvati
3- Scrittura dei numeri su dei fogliettini
4- Inserimento della carta in un cappello nero molto bello
5- "Pesca-dada-mento" dal cappello di un

bigliettino alla volta

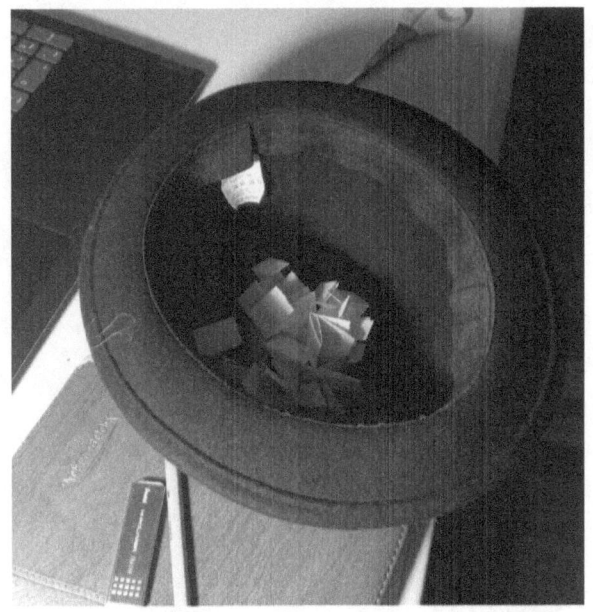

I giochi sono fatti!

Dopo la pesca le poesie sono state selezionate in base ai risultati di quest'ultima.
                           Avellino, 16 Dicembre 2021

BATTITO DI CIGLIA

Tempo...
Dimmi...
Da dove vieni...
Chi ti manda...
Cos'è futuro...
Cos'è passato...

Mille ere nel corpo/
Veliero fluttuante in mari terrosi/
Polvere che cancella tratti di matti/
Nemico della mente/
Falco in picchiata costante
Rapace di frutti/

Battito di ciglia,
immagine agli occhi,
Sole a ponente.
Battito di ciglia,
immagine agli occhi,
Sole a levante.

Battito di ciglia!
Cambia lo specchio o cambio io?

Battito di ciglia.
Tremolio sulla pelle.

La forza di muovere tempeste
non basta per essere padroni dell'attimo!

Battito di ciglia
 e tempo di pioggia.

IL PENSIERO PERVERSO

Linea calda,
Circondata da freddo.

cassa-rullante-piatto

Soffio nella quiete/
Stasi interrotta/
Interruzione inopportuna/

cassa-rullante-piatto

Voce fuori dal coro/
Voce nel coro che intona differente/
Voce nel coro che stona/
cassa-rullante-piatto

Deviazione nel tragitto
Punteggiatura.Errata.Ortografia.Maledetta la semantica!?

Inchiostro fuori dal suo spazio
Risposta inopportuna
Cos'hanno in comune?
cassa-rullante-piatto

ME LO DICESSE IL CIELO

Nuvole fluttuanti nell'aria si accarezzano
a volte,
altre si sfiorano.
Se me lo dicesse il cielo dove sei,
verrei.

SOLITUDINE

Ascolto il mio respiro
Percepisco il mio battito
e in un attimo
la mia mente diventa universo.

Faccio rumore con la penna
sulla scrivania.
Scarabocchio un foglio
per non sentirmi solo.
Bevo più d'un sorso.
Limito me stesso al terzo
non so se vorrei essere genio.

Ascolto il mio respiro
Percepisco il mio battito
e in un attimo
la mia mente diventa universo.

Tengo a freno i miei pensieri
li sento tutti,
li sento troppo forte,
li circondo di regole e distrazioni.
Tengo a freno il mio potenziale,
tengo a freno il mio male,
cercando d'aver la forza di ri-amare.

Ascolto il mio respiro
Percepisco il mio battito
e in un attimo
la mia mente diventa universo.

Faccia a faccia con il nulla
ho un po' paura,
cosa mi resta in alternativa?
Chi non è solo?
Chi lo è?

Che si avvicini il fiume
Che si allontani la montagna
Che si appiattisca il mare
la mia mano traccia note
la mia voce disegna immagini
la mia mente elude le regole
e sono io il padrone dell'universo.

IL RUMORE DEL VENTO

Non c'è suono né onomatopea che rende onore
al rumore del vento.
Sempre che si possa dire faccia rumore.

Non c'è descrizione che rende onore
al rumore del vento.
Sospira e soffia.

E l'animo mio con lui.
Sospira e soffia.

Accarezza i colori dell'alba
che accompagnano il dischiudersi delicato della
retina.
Accompagna l'oscurità della notte
che accompagna il concludersi di una giornata
nella vita di chi ha
una fortunata dimora.

Non c'è colore
nel vento.
Non c'è rumore
nel vento.
Non c'è colore né rumore, nel vento.
Solo un leggero vibrare dell'equilibrio.
Non c'è suono né onomatopea che rende onore
al rumore del vento.

LA DIMENSIONE ONIRICA

I
Una piacevole storia

Ero in una città piena di luci. In un centro storico campano. C'erano una fontana e tanti locali, la fontana era illuminata di blu, i locali erano illuminati di arancione.
Camminavo solitario per questi posti, incontravo tante persone dal viso noto, ma non le salutavo né loro salutavano me.
Dopo di ciò, annoiato, me ne andavo via finché non raggiungevo i boschi fitti. C'era un ingresso oscuro e io entravo, con un po' più di curiosità che di paura. C'erano all'interno degli alberi grigiastri ed un cielo violaceo, di tenebra. Di fronte a me c'era una strada dritta, i lati erano imperscrutabili, con alberi che ne bloccavano l'esplorazione laterale. Decidevo senza avere altra alternativa. Andavo dritto, camminavo per tre salite. All'inizio di ogni salita mi si presentava uno scenario identico al precedente.
Alla fine della terza salita vedevo un lupo, o meglio, degli occhi che brillavano nel vuoto e si avvicinavano verso di me. Appena mi accorgevo essi essere gli occhi di un lupo iniziavo a fuggire verso l'ingresso dello scenario lugubre.
Il lupo mi inseguiva giusto un passo dietro di me... Insieme saltavamo al di là dell'ingresso.
All'uscita ero sveglio e sentivo che io ed il lupo eravamo una cosa sola.

II
La dimensione onirica...

Sono in una città piena di luci. In un centro storico campano. Ci sono una fontana e tanti locali, la fontana è illuminata di blu, i locali sono illuminati di arancione.
Cammino solitario per questi posti, incontro tante persone dal viso noto, ma non le saluto né loro salutano me.
Dopo di ciò, annoiato, me ne vado via finché non raggiungo i boschi fitti. C'è un ingresso oscuro e io entro, con un po' più di curiosità che di paura. Ci sono all'interno degli alberi grigiastri ed un cielo violaceo, di tenebra. Di fronte a me c'è una strada dritta, i lati sono imperscrutabili, con alberi che ne bloccano l'esplorazione laterale. Decido senza avere altra alternativa. Vado dritto, cammino per tre salite. All'inizio di ogni salita mi si presenta uno scenario identico al precedente.
Alla fine della terza salita vedo un lupo, o meglio, degli occhi che brillano nel vuoto e si avvicinano verso di me. Appena mi accorgo essi essere gli occhi di un lupo inizio a fuggire verso l'ingresso dello scenario lugubre.
Il lupo mi insegue giusto un passo dietro di me... Insieme saltiamo al di là dell'ingresso. All'uscita sono sveglio e sento che io ed il lupo siamo una cosa sola.

III
... e il rapporto con il tempo

Fui in una città piena di luci. In un centro storico campano. Vi furono una fontana e tanti locali, la fontana fu illuminata di blu, i locali furono illuminati di arancione.
Camminai solitario per questi posti, incontrai tante persone dal viso noto, ma non le salutai né loro salutarono me.
Dopo di ciò, annoiato, me ne andai via finché non raggiunsi i boschi fitti.
Ci fu un ingresso oscuro e io entrai, con un po' più di curiosità che di paura.
Ci furono all'interno degli alberi grigiastri ed un cielo violaceo, di tenebra. Di fronte a me ci fu una strada dritta, i lati furono imperscrutabili, con alberi che ne bloccavano l'esplorazione laterale. Decisi senza avere altra alternativa.
Andai dritto, camminai per tre salite. All'inizio di ogni salita mi si presentò uno scenario identico al precedente.
Alla fine della terza salita vidi un lupo, o meglio, degli occhi che brillarono nel vuoto e si avvicinarono verso di me. Appena mi accorsi essi essere gli occhi di un lupo iniziai a fuggire verso l'ingresso dello scenario lugubre.
Il lupo mi inseguì giusto un passo dietro di me...
Insieme saltammo al di là dell'ingresso.
All'uscita fui sveglio e sentivo che io ed il lupo eravamo una cosa sola.

IL VIAGGIO IN AUTOBUS

La pioggia calda scende verso terra,
la sua traiettoria lascia una scia fredda dietro di sé
ed è leggermente inclinata
e non perpendicolare.

Il pullman aranciato e vivace si avvicina
traghettato da più di quattro ruote
così uguale a sé stesso nel tempo
che bisognerebbe volasse.

Lo stile ha colore blu
solo i giorni dispari.
Si divide gli altri colori tra gli altri giorni.
Pausa bianca nei festivi.

L'immagine di sé stessi compare e scompare,
dopo la salita sul bus,
dall'altro lato del finestrino,
in posizioni diverse e con gli stessi vestiti.

La pioggia colorata e la sua scia
alterano tutto quello che c'è intorno.
L'interno scuro e cupo
parla una lingua tutta sua.

Il viaggio in autobus è un universo
in cui altri sé comunicano ad altri sé.
Il viaggio in autobus è una canzone
senza spartito, senza direttore.
Il viaggio in autobus è un acquazzone

con gocce colorate e diverse.
Suono melodioso fa compagnia
a sempre-la-stessa-noia.

NAVIGARE NEL VUOTO

Non voglio il sapere
    né la conoscenza
        né la consapevolezza
    né il potere.
Giusto il tempo del gioco
    né la sfida
        né la gara
    né la task.
Potessi esagerare.

Lascio che la mente navighi nel vuoto, libera. Se le do un punto di partenza non la restringo, forse!?
Lascio che la mente non abbia stasi. Si può essere così coraggiosi da lasciare tutto nelle mani della fortuna?
Rischio tutto e niente Jackpot. Neanche questa volta.

Potessi navigare sempre nel vuoto, non avere mai porto di ritorno, non avere mai fame
    né sete
        né sonno.
            Andare sempre a zonzo!

È a furia di non farlo che sono diventato matto!
È facendolo spesso che sono diventato saggio!

Quello che chiedo è soltanto un altro gettone!
    Un'altra cartuccia!
        Un altro giro di giostra!

INCOMPLETO

"La vita va così"

...
gli anni che passano vedono aumentare
quella che è la favolosa collezione
di ognuno
di vuoti
di mancanze
di amori mancati
di persone di passaggio allontanatesi
...
Se solo fossi il padrone del mio universo
muoverei
con le mani
le sfumature dei colori nell'aria
che spostandosi
suonerebbero all'unisono
...
Creerei forme e colori
disporrei dei luoghi che voglio
delle persone che voglio, anche
come se fossi divino
o forse, diabolico
...
Se solo fossi il padrone del mio universo
mi chiedo
sazierebbe sé la mia brama?
Umana
...
Sarei infelice anche allora.
Se solo fossi il padrone del mio universo

resterei, comunque, incompleto.

LA RIFLESSIONE

Banchetto abbondante
Dieta ferrea

Capelli rasati
Vento forte

Loquacità
Musica

Sete
Acqua bollente

Caterva di parole
Un solo foglio

La riflessione
La convinzione

Un silenzio piomba nella mente. In un istante tutto si offusca. Le forme intorno appaiono sfocate. Assenza totale del soggetto. Fusione degli oggetti.
La riflessione interviene partendo dalla cartella madre, dal contenitore dei contenitori, dalla culla dei saperi. A seguito del salto nel vuoto. Freddo che anticipa il caldo. Vento che rinfresca il cuore. Pace dei sensi. Consapevolezza.

IL CARRO DEL MUTAMENTO

Salgo sul carro, muto
e muto
sul carro del mutamento.

Musica alle parole
e parole come musica.
Salgo sul carro, muto
e muto
sul carro del mutamento.

Mi tuffo nel fiume giallo
                nuoto fino alla foce verde.
Striscio come una biscia
                in preda al mio male mi confondo nel
mare.
In stallo a differenza di un cavallo
                volo in un cielo stampato.
Con il potere in una mano
                e la mente come un vulcano.

Sazio di spazio
creo immagini con le parole
e immagino parole.
Salgo sul carro, muto
e muto
sul carro del mutamento.

L'ULTIMA NOTA

Vorrei che ogni attimo fosse la mia ultima nota.
Ancor di più
vorrei che la mia ultima nota fosse in ogni attimo.

La mia mente come una foresta
di suoni.
Illimitata, illimitati.

Che la mia mente sia soggiogata...

Oh, anima mia! Tu parli piano,
ma nel silenzio sento la tua voce.
Portami lontano.
Lascia che riposi sonni tranquilli.
Lascia che sia io a seguire te.

Umanità,
cosa sei umanità.
L'ultima nota.

Anima mia rendimi umano e limitato,
non lasciare che io brami l'infinito.
Che tu resti per sempre, vedendomi perire,
Senza che la mia luce si spenga.

Umanità, ultima nota.... Odi et Amo.
Scriverò ancora pensieri.
Leggerò ancora pensieri.
La realtà?
Solo un punto di vista.

Ed ogni traccia scompare.

La donna di pioggia
ed il viaggiatore nel vento
portano con essi tutto ciò che è infinito.
Ultime note della tempesta.

Il Sole sorge ancora e ancora.
Il dolore erige nuovi monumenti.
La verità si nasconde dietro ciò che è manifesto.
Il corpo non è pronto ancora per cedere il passo.
Manca l'ultima nota.

L'uomo senza bocca porta con sé i messaggi.
La donna senza gambe sorregge le mura
e trasporta la città
nel cielo verde
dove felicità e malinconia,
riunite per la cena,
intonano un'ultima nota
…
Nota fuori tempo/
Colori fuori dai contorni/
Giorno di Sole e
clima perfetto
per un'altra passeggiata.

Vorrei che ogni attimo fosse la mia ultima nota.
Ancor di più
vorrei che la mia ultima nota fosse in ogni attimo.

Vorrei che ogni attimo fosse la mia ultima nota.

Ancor di più
vorrei che la mia ultima nota fosse in ogni attimo.

Vorrei che ogni attimo fosse la mia ultima nota.
Ancor di più
vorrei che la mia ultima nota fosse in ogni attimo.

AUTOCELEBRAZIONE

Son un cuore bianco vestito di nero...
Un agnello vestito da lupo.

Mi affaccio alla vita e ne assaggio i pezzi.
Mi affaccio alla vita e ne mangio i pezzi.
Come se non mangiassi da giorni.
Come se non avessi mangiato mai.

Sono il sorriso ingenuo...
Spezzato.

Sono la cupidigia.
Uomo insaziabile.

Sono un coccodrillo azzurro che vola...
E divora...
Nuvole e pezzi di cielo.
Bisognoso...
Famelico...
Insonne.

Che giorni e notti vivano congiunti.
Insoddisfazione del sapere non delocalizzabile.

Sono il caos della percezione.
Animo cupo che ride.
Animo sorridente che si incupisce.

Spargo lacrime di felicità sul terreno,
che asciugano nel tempo frazionato ad intervalli

variabili.
Fioriscono commozioni colorate ceruleo,
accarezzate da nuvole rosa,
sfiorate da un vento giallino.

Macchiato dalla nascita...
Marinaio dell'attimo...
Sussulto del battito attenuati!

UNA GIORNATA OZIOSA

Rido goliardicamente
di un'altra giornata oziosa.
Allo stesso tempo piango
di un'altra giornata uggiosa.
Idee senz'ali invadono la mia mente
durante un'altra giornata uggiosa.

Un po' amo
Un po' odio
per intero l'ozio.

Rimpiango il tempo
investito nell'ozio.
Gioisco di essermi preso
una giornata per oziare.
Non sia mai!
Siano per sempre!

Che io venga frainteso, per sempre,
come l'amore
come l'odio
che nutro per l'ozio.

Un po' amo
Un po' odio
per intero l'ozio.

Se mi ripeto non è mai perché mi annoio
e mai lo faccio all'infinito.

A volte sazio
    d'ozio,
a volte affamato
    ma affannato.

SONO ANDATO AL MARE E...

Sono andato al mare
e mi sono annoiato.

Sono andato al mare
e ho trascorso la giornata a rotolare tra i sassi.

Sono andato al mare
per ammirare albe e tramonti.

Sono andato al mare
a consumare il mio amore.

Sono andato al mare
per ricordare a me che non vale la pena d'impazzire.

Sono andato al mare
per bagnarmi sotto la luce della Luna.

Sono andato al mare
a fare la lotta con gli amici, da ragazzo.

Sono andato al mare
e mi sono annoiato.
Il più grande degli ossimori.

CHATS NOIR

Nous sommes les chats noirs
Nous sommes les incompris
Nous sommes les maudits
Nous sommes les seuls qui vivent vraiment
Nous n'avons pas besoin de parler pour communiquer.

Je me suis perdu dans les rues de Paris
J'ai oublié les règles et le bon sens, mais pas la valise

Je pensais que j'étais quelqu'un qui a perdu l'amour
Je pensais que je ne pourrais jamais trouver les bonnes idées

Est-il encore légitime de rêver?

Cette nuit-là j'ai appris à aimer.
J'étais le maudit par excellence
toujours un amoureux de la substance.

IL DOLORE DELLA TERRA

Oh tu! Poeta del vento
Librati veloce e leggero
Rinuncia al tempo per avere il tempo
Rinuncia alla vita per avere la vita
Rinuncia a te stesso per avere te medesimo

Nel soffio di un attimo
Diventare padrone del tempo, rinunciando al tempo
Nel soffio di un attimo
Caduta nel vuoto, per colmare il vuoto

Lupo nella notte
ti dirò...
Di null'altro ho bisogno

Sento il dolore della terra.

LA VITA ETERNA

Non voglio la vita eterna
Voglio tuffarmi in un pozzo di follia
ed essere "il dimenticato".

Rifuggir ogni gloria
Ogni potere
Ogni fama
Non provare mai la fame.

Il dimenticato.

Non voglio essere adorato né bello,
che nessuno mi guardi.
Bello sì.

Se fossi intelligente mi accontenterei
Non voglio essere ricordato per sempre
Voglio lasciare questo mondo
Non cercare mai un modo per restare

Eppure, se ci penso e mi concentro, per quest'attimo
sono tutto quello di cui ho bisogno...
… una piccola porzione d'immenso.

LA NOTTE DELLE STREGHE

Vino che scorre a fiotti!
Lo dico in un solo respiro,
prendo fiato
e corro per centro metri.

Cielo che mugugna,
lamentando più follia.
Cielo che mugugna,
lamentando luci più soffuse.

Stridio delle nuvole,
in attrito l'una con l'altra.
Stridio delle luci,
attrito dei singoli fasci.

<Vino che scorre a fiotti!
Vino che scorre a fiotti!
Vino che scorre a fiotti!>: Urla la notte.

Salto sul posto e passo in avanti
Salto sul posto e sguardo rivolto a destra
poi a sinistra
Nella dimenticanza la punteggiatura si *accocchia*
alla fine
…
Parlando una lingua del tutto diversa

La notte delle streghe
è la notte delle eccezioni
che confermano le regole

delle notti venture.

Inebriata è la ragione
e collaborante con la follia.
Tutti fuori e dentro,
casa mia.

Se fosse pioggia ne berrei
Se fossi matto mi asterrei
Non una parola di troppo, morirei
Sai dirmi chi davvero sei?

La notte delle streghe
è il momento giusto per prendere appunti
Iniziando da:
"Evitare di fare appunti" ... Più o meno

Vino che scorre a fiotti!
Vino che scorre a fiotti!
Vino che scorre a fiotti!

Se dimentico un verso,
sono o non sono un pessimo poeta?
Se mi astengo dal controbilanciare la saggezza
sono o non sono un pessimo saggio?

Stridio dei pensieri,
contrastanti.
Ingorghi di pensieri
si accavallano nella mente affaticata.
Ingorghi di pensieri rallentano
una mente affaticata.

Ingorghi di pensieri,
confondono una mente affaticata.
Ingorghi di pensieri...
Ingorghi di pensieri...
Ingorghi di//
CHE VADANO VIA!
.
.
.
.

Almeno per adesso.
Incomprendo me stesso.

IN ALTO

I

Occhi stanchi del volteggiare della ballerina,
Orecchi stanchi del canto di sirena,
Gambe non stanche.
Rotoloni di terra ambrata
circondano tutto il cielo che riesco a vedere
disteso sulla schiena,
Nuvoloni violacei si spalmano casualmente
su un cielo porporato,
Le foglie, impazzite, evadono ogni regola,
volteggiando senza mai toccar terra.
Ogni istante mi dà un sapore eterno.
Naso che respira e non sente odori.
Tatto assaporante di un nuoto
di mare in tempesta.

II

Occhi stanchi del volteggiare della ballerina,
Orecchi stanchi del canto di sirena,
Gambe non stanche.
Rincorrono il tempo
in un campo di spighe di grano arancioni,
inconsapevoli che il tempo
corre più lento di loro.

III

Non è tre il numero perfetto,

non questa volta,
non adesso.
Invece sì.
Allungo il mio tempo. Diventante immortale.

IL CANTO DEL GALLO E IL NUOVO GIORNO

Il canto del gallo
si insinua nella frescura del mattino,
annunciando il nuovo giorno.
Il canto del gallo
come un ritornello colora l'azzurro di prima mattina,
annunciando il nuovo giorno.

Alzarsi dal letto
il vuoto che riempie un animo non complicato,
                umano.
Guardare il futuro
con un vuoto che riempie un animo complicato,
                umano.

Il canto del gallo e il nuovo giorno
a volte portano euforia
altre macabre e non volute consapevolezze,
in un animo che nulla alla vita può comandare,
                umano.

Il canto del gallo
si insinua nella frescura del mattino,
annunciando il nuovo giorno.
Il canto del gallo
come un ritornello colora l'azzurro di prima mattina,
annunciando il nuovo giorno.

Cielo di arancione cupo
che si sciolgono alla vista di un nuovo giorno.

In un attimo un'onda di blu cobalto parte dal basso
e inonda lo scenario.
Raffredda. Freddo. L'animo subisce.

Il canto del gallo
annuncia il nuovo giorno.
Energicamente il guerriero pronto
e allenato
respira nel grigiore della città
nei polmoni
l'energia di cui necessita.

Il canto del gallo e il nuovo giorno
a volte portano euforia
altre macabre e non volute consapevolezze,
in un animo che nulla alla vita può comandare,
                    umano.

IL PECCATO DELLA PAROLA

Scavo fosse nella terra,
Erigo lapidi …
… per tombe per le parole.

Infatuato del silenzio,
Inquietato dal riverbero...
… infinito.

Il peccato della parola è di far troppo rumore.

La peccaminosità è della parola,
come la parola del discorso.

Scavo fosse nella terra,
Erigo lapidi …
… per fosse comuni per le parole di troppo.

Cercando la sintesi:
...Ricchezza camuffata;
...Luce nella notte;
...Respiro sott'acqua;
...Innamoramento da parte di una prostituta;
...Cielo porpora.

(...rigo mancante...)

Scavo fosse nella terra,
Erigo lapidi...
… ornate e prive …
di fiori e descrizioni e simboli.

Che il mio amore sia …
per il pensiero trasmesso smussato.

LA MIA NOTTE DI FOLLIA

Questa qui sarà la mia notte di follia!
...
Dimentico cosa sia il passato;
Dimentico cosa sia il futuro;
Dimentico chi sono io nel mio presente.
...
Mi concedo di improvvisare.
Mi concedo di guardare,
tutte in una volta,
l'insieme di regole che governano la vita e
l'universo.
Mi concedo di guardarle e di fare una smorfia
incontrollata.
Lascio che il viso si contorca nella maniera più
insolita.
Senza che l'espressione significasse qualcosa.
...
Cancellato ogni contatto con il tempo,
Assaporo un cucchiaio di infinito.
...
Tendo luminarie da monumento a monumento,
tra città e città,
tra monti e tramonti,
sorrido, inebriato di luce.
...
Per una sola notte non sarò umano
non sarò niente.
Per una sola notte vibrerò all'unisono con l'esistenza
entrando in una dimensione che non conosce tempo.

DA CAPO

DACCAPO

Dovrei essere onnipotente per dare un doppio titolo,
    per vivere due volte,
    per governare il tempo,
    per volere un altro inizio,
        un altro intervallo,
        un altro interludio,
            finale!
Prendo una pistola immaginaria e mi sparo in testa
tutto quello che vorrei:
una nuova vita; una nuova esistenza; rifare tutto da
capo.
Non funziona.
Se volessi tornare indietro,
non ci sarebbe strada.
Posso solo dare un secondo titolo e
qualche volta
avere un *colpo di genio,*
        sperando che non capiti troppo spesso.
Se tutto va bene
i vecchi pensieri prenderanno il volo
dopo che insieme avete camminato per mano,
se tutto va bene.
Se tutto va bene
la donna che viene dal mare tornerà in esso
e l'uomo che viene dalla montagna
tornerà in essa.
Se tutto va bene
sarà una piacevole passeggiata

ed anche io tornerò dall'infinito eterno
da cui sono venuto
e non avrò voglia
di rifare tutto daccapo.

UNA GIORNATA TIPO DELL'ACCHIAPPA-PENSIERI

I
Una mattinata come le altre

Era una mattinata come le altre...
Il vento spostava le foglie degli alberi che adornavano il paesaggio visibile dalla sua finestra...
Quando si sentì solo e inadatto al lavoro seppe che non gli restava null'altro che sé stesso e il suo tempo per giocare con i suoi pensieri e quelli degli altri, che spesso coincidono, ma è risaputo che chi ama fantasticare non ha tempo per dedicarsi ad altro.
Le poche birre consumate la sera prima non avevano fatto altro che ricordargli di quanto si sentisse piatto e spento... E di quanto fosse sempre più necessario il raccoglimento in sé stesso.
A volte si sta meglio nei propri ricordi che faticando a cercare nuove dimensioni appetibili nella realtà che ci circonda.
Mise a fare un caffè e cacciò la prima sigaretta giornaliera dal pacchetto...
Dopo il caffè la fumò con gusto e guardando fuori iniziò a scrivere su un foglio i primi pensieri del giorno...

"La durata e l'intensità del tempo dipendono da quanto amiamo noi stessi"

"Tutto scorrerà molto in fretta, ci resteranno solamente le emozioni forti e le perversioni a bruciarci dentro... ed il desiderio di possesso di nuove cose svanirà e si trasformerà in nuove catene"

"Amare qualcun altro più che sé stessi è vero amore, pertanto chi può dire di aver amato mai?"

II
Seduti si sta scomodi

Ogni tanto si fermava a guardare la pioggia cercando di rappresentarla, insieme con il vento, attraverso linee energiche e caotiche su di un foglio...

"il grande pubblico ama quello che è bello a vedersi o qualcosa che conosce già... Ecco perché l'umanità non farà mai passi in avanti"

"Le tempeste sono l'espressione di libertà che Dio ha concesso alla natura... A noi resta l'arte e la scienza... difficilmente un comportamento antisociale può considerarsi un'espressione di libertà"

L'aggiunta di nuova musica per nulla guasta l'atmosfera piovosa che circonda l'ambiente...
Seduti si sta scomodi... Ognuno dovrebbe vivere disteso o in piedi e tutto andrebbe per il verso giusto... Come quando hai voglia di andare al mare ed hai sia la giusta compagnia sia il bel tempo.

"Per presentarsi si intende portare a conoscenza

qualcuno del proprio nome, sarebbe più corretto portare invece a conoscenza qualcuno delle proprie caratteristiche distintive, direi addirittura più interessante, per fortuna non lo si può fare a parole"

III
L'acchiappa-pensieri

Lui era l'acchiappa-pensieri.
Il nome dice già molto... tuttavia "molto" non soddisfa chi vuole tutto... o almeno, data l'impossibilità di conoscere tutto e avere tutto, quanto basta per spegnere un desiderio forte e spostare l'attenzione verso qualcos'altro.
Che dire...
Mentre io, il narratore, ho omesso di presentare la cronologia degli eventi della sua giornata, la pioggia ha smesso di essere e il nostro personaggio si è vestito con abiti qualsiasi ed è uscito di casa per dirigersi in libreria.
Andò invece a fare una lunga passeggiata per il centro storico del paese... nonostante i momenti della giornata che non fossero alba o tramonti erano per lui poco interessanti.
L'unica cosa che attirava la sua attenzione erano le diverse cromie delle luci che evolvendosi facessero apparire paesaggi di medesimi posti sempre diversi.
Un po' come quando parli con una persona travolta da stati d'animo differenti, in fasi diverse della sua vita.
Un po' come quando leggi o ascolti pareri sullo stesso argomento detti analizzando punti di vista

differenti... o meglio quando ascolti una canzone in posti differenti.
Si appuntò sul taccuino un nuovo pensiero...

"Quanto è triste che l'umanità abbia dimenticato il piacere di andare liberamente in posti dove non ci sono sentieri già tracciati... non necessariamente posti fisici"

L'ultima meta fu la libreria dove scelse un libro a caso, come amava fare, piuttosto che leggere recensioni.
Non finì mai di leggere quel libro, trovò noioso e scontato lo scrittore già dalle prime pagine.
È il rischio che si corre quando si percorrono sentieri che non sono già stati tracciati.
Ognuno ovviamente sceglie i suoi, e quasi nella maggior parte dei casi, chi esplora si trova in sentieri che sono solo suoi.
Come ad indossare una maglietta di taglia "x", ad esempio, è molto poco probabile che calzi a qualcuno come calza a te e, se capita, come chiamare il legame se non con la parola affinità!?...
Ovviamente è ancora più improbabile che poi anche il pantalone calzi uguale, o il cappello, o le scarpe...
Alla fine ci sono sempre delle differenze...
Ecco il nostro personaggio individuava subito le differenze proprio grazie all'individuazione delle affinità.
È impossibile comprendere fino in fondo le differenze, le connessioni di pensiero, più facile però è arrivarci se si intuiscono i sentieri percorsi e i

paletti di arrivo piantati.

"Chissà cosa accrebbe se non si piantasse mai alcun paletto..."

LA PRIMA GIOVENTÙ

Lo spirito allietato e
le foglie che, volteggiando, cadono lentamente verso terra
raccontano
la prima gioventù.

Mentre il Sole brilla alto in cielo
la mia mente ti accolse,
come la terra
la rosata e verdeggiante primavera.

Spirito mio non nasconderti
né andare altrove.
Godi di vitto abbondante
    di vitto gustoso.
Godi di anni senz'affanni
    di dolori facili a sparire.
Godi di notti insonni e turbolente
    di notti di euforia.
Godi di guardare nuvole naviganti
    di uccelli che sfidano il vento.
Godi di energia di folletto
    di leggerezza di colibrì.

Lo spirito allietato e
le foglie che, volteggiando, cadono lentamente verso terra
raccontano
la prima gioventù.

Animo che salpa
e naviga
bramoso di conoscere l'universo intero.
Animo che salpa
e naviga
felice di un'altra giornata di Sole.
Animo che salpa
e naviga
vivente di amore puro.
Animo che salpa
e naviga
e bianco nuota tra nuvole che cantano.
Animo che salpa
e naviga
serenamente.

Lo spirito allietato e
le foglie che, volteggiando, cadono lentamente verso terra
raccontano
la prima gioventù.

Mia prima gioventù
anche se non ci parliamo più
resta a legarci
un comune pensiero di felicità.

Avellino, 17 Dicembre 2021
FINE

EPILOGO

Nessuno può comandare alla vita di ricevere in dono amore, follia o saggezza. Ad ognuno tocca viversi un po' quello che gli capita e un po' quello che sceglie, tra quello che gli capita.
Io ho scelto di volere tutte e tre le cose e di contorno anche tutto quello che non ho specificato.
Quello che ho deciso di scrivere e pubblicare non è nient'altro la restituzione di tutto quanto la vita mi ha dato di interessante, sotto forma di parole, sperando di poter dare a chiunque legga qualche attimo di piacere.

*Ti ringrazio personalmente,
anche se non sembra,
per avermi dedicato del tempo.*

www.ingramcontent.com/pod-product-compliance
Lightning Source LLC
Chambersburg PA
CBHW031425210526
45464CB00005B/2052